Para

De

Outros títulos da coleção

Para uma pessoa especial PAI

Para uma pessoa especial VOVÓ

Para uma pessoa especial FELICIDADE

Publicado em 1992 na GRã-Bretanha por Helen Exley Giftbooks, com o título *To a very special Mother*.

Texto por Pam Brown.

Editado por Helen Exley.

Dedicado: à Momtom

1ª edição 2016
ISBN: 978-1-78485-024-1

Publicado e distribuído com exclusividade por Brasil Franchising
CNPJ 07.923.034/0001-05
Av. Sagitário, 138 • 25° andar • Alpha Square Mall
Torre London • Alphaville • Barueri/SP • CEP 06473-073
Tel (11) 3706-1466 • sac@helenexleylondon.com.br

Tradução de Lara Freitas

Helen Exley Giftbooks
16 Chalk Hill, Watford, WD19 4BG, Reino Unido
www.helenexleygiftbooks.com
www.helenexleylondon.com.br

Impresso na China / *Printed in China*

Para uma pessoa especial
MÃE

Ilustrações de Juliette Clarke.

Texto de Pam Brown.

Editado por Helen Exley.

Você transformou todas as coisas comuns do dia a dia e me fez sentir especial. O que quer que aconteça em minha vida eu sei que, por causa de você, eu tenho algum valor.

HELEN EXLEY® LONDON

SOMENTE UMA MÃE

As mães sabem quando você está mentindo.

Somente uma mãe consegue mandar
abraços via correio.

As mães conseguem fazer rápidos
consertos na correria.

Somente uma mãe consegue transformar
em família um grupo de vários
indivíduos diferentes.

Somente uma mãe consegue aprender
a ver através dos olhos dos seus filhos.
Se não o fizesse, ela não ficaria sob uma garoa
de inverno, segurando uma mãozinha toda

melada, observando um operário
trabalhando em um buraco.

As mães são as únicas pessoas
que lhe dizem a verdade quando
algo poderá te magoar.

Somente as mães têm listas.
Que aumentam.
E ficam intermináveis.

Mães são pessoas que gritam para
avisar as coisas que você esqueceu.

As mães estão sempre à espera.

OBRIGADO!

Obrigado por me dar tantos poemas e músicas, eles permanecerão comigo até o último dia da minha vida. Obrigado por me mostrar o sol se pondo pela primeira vez.

E correr comigo na chuva. Vasculhar praias no inverno. Obrigado por deixa que eu trouxesse pedrinhas e conchas. Obrigado por abrigar meus sapos. Obrigado pela emoção de estar vivo.

Obrigado pelos "Tente novamente.
Trabalhe duro.
E se não conseguir, tentaremos outra coisa."
Isso poupou muitas das minhas aflições.

Obrigado por sempre estar presente.
Não se intrometendo. Sem exigir.
Apenas presente.

Disponível em todas as horas para aconselhar,
cuidar de um resfriado, ensinar a soletrar,
indicar bons livros, tirar manchas, ensinar a
ouvir Mozart, presentes para os amigos, usar
bibliotecas, fazer palavras cruzadas.
E muito mais.

Sempre pronta se eu precisasse.
Imediatamente.
Oferecendo um ombro para chorar.

Alguém para quem contar as novidades.
Alguém com que rir quando algo é engraçado.
Alguém com uma fonte inesgotável de amor.
Seja lá o que quer que eu faça. Sempre.

UM PARAÍSO

Quando eu era muito pequeno e tinha medo, você costumava acender a luz e mostrar-me todos os objetos do meu quarto – depois apagava a luz e sentava-se comigo no escuro até que eu entendesse que aquelas sombras não se mexeriam.

Papai sempre pedia para que você fechasse a porta quando saísse, mas você sempre deixava uma frestinha de luz entrar – o suficiente para que eu tivesse certeza de que nada estava se mexendo ou vindo em direção à minha cama.

De certa maneira ainda está tudo igual.

Minhas ansiedades são maiores agora e meu mundo mais incerto – mas você sempre deixa um pouco de luz entrar, pois assim consigo ver meus problemas do jeito que são.

Coisas com as quais consigo lidar – e não fugir.

Mãe é a pessoa que ouve
quando você está chorando
baixinho no travesseiro.

Quem lamenta por você não
telefonar para casa.

O amor é emocionante.

Às vezes, tudo o que se precisa
é de uma cozinha tranquila, uma
xícara de café e a própria mãe.

As mães conseguem secar nossas
lágrimas pelo telefone.

Uma mãe consegue usar uma cola
mágica que recompõe tudo outra vez.

MÃES QUE TRABALHAM

Pegam roupas na lavanderia.

Pegam sapatos no conserto.

Ajudam nos testes de leitura, de direção e entrevistas. Telefone tocando e os horários do trem. Reunião de pais e mestres. Queijo, biscoitos e a ração do coelho. Computadores e portfólios, manuscritos e ratos.

E-mails e arroz de grãos longos.

Manchas de catapora e outras doenças, apresentação do balé na escola. E as pessoas televisão querendo uma entrevista para hoje.

Tenho orgulho do que você faz.
Eu te amo pelo que você é.

Não sei como você conseguiu me encaixar nisso tudo. Mas você conseguiu.

E você ainda consegue.

Sua vida é tão ocupada – e ainda assim eu sei que, sempre, sempre,

haverá lugar para mim.

MEMÓRIAS DE INFÂNCIA

Lembro-me de correr para casa depois da escola
usando uniforme e meias pretas, balançando
minha pasta, o dia monótono ficava para trás:
à minha espera, torradas e bolo.
Lembro do cheiro de casa – o cheiro que todas
as crianças guardam na memória, da mesma
maneira que os cachorrinhos guardam.

Lembro de você na cozinha, usando avental
e me esperando chegar com as novidades.

E agora aqui estamos, uma senhora
e uma mulher de meia-idade, sentadas
para tomar chá, sacolas no chão encostadas
próximas aos pés, contando as novidades
da semana.

Os anos nos mudaram – mas também
nos aproximaram.

Mãe e filha – amigas para toda a vida.

AMOR MATERNO

O amor materno tem mais a ver
com aço do que com penas.

Amor materno é menos
merengue e mais pão integral.

Amor materno é o combustível
que permite que um ser humano
normal faça o impossível.

O amor materno faz com que ela
precise dormir menos do que as
outras pessoas.

O amor materno faz com que
ela não se importe com a sua
aparência. Ela acha que você é
bonito de qualquer maneira.

O amor materno é a coisa
mais elástica do mundo –
ele pode ser esticado muito
mais do que você imagina.

O amor materno não vem em um pacote, como um bolo de caixinha. É algo extremamente pessoal – pode às vezes afundar um pouco no meio, mas é bem firme nas bordas.

O amor materno é aquilo que faz com que ela sacuda seu filho depois que ele é quase atropelado.

O amor materno é como o ar. É tão comum que você quase não percebe.

Até que a fonte seca.

O amor materno é a luz do farol que guia a família.

PREOCUPAÇÃO! PREOCUPAÇÃO! PREOCUPAÇÃO!

As mães vivem em um terror eterno –
de incêndios, inundações e estradas desertas,
de homens maus e motoristas lunáticos,
de falhas nos freios e descarrilamento de trens,
sem contar aviões que batem em árvores.
Essas preocupações somente surgem por volta das
três horas na manhã.

As mães não têm premonições. Elas já pensaram
em todas as possíveis eventualidades – tanto boas
quanto ruins – e qualquer coisa que acontecer
com você, elas já sabem o que fazer.

Heróis grandes e musculosos, cujas mães
têm acesso às suas bagagens, encontrarão meias
extras, cápsulas de vitamina C, bilhetinhos
com dicas sobre o cuidado com os pés
e pacotes de fio dental encaixados
entre o material de escalada e os machados
para cortar gelo.

As mães tendem a se preocupar.
O tempo todo.

Obrigado, mãe por não passar dos limites.

AO MEU LADO

Amo quando você fica emocionada
e satisfeita porque eu tive sucesso
ou sorte em alguma coisa.
E amo tanto quando você acha ainda
que sou fantástico mesmo tendo caído
de cara no chão.

Obrigado por não ficar se lamentado
quando eu fui inacreditavelmente estúpido.
Obrigado por gritar e dizer o quão tolo eu fui.
Deixar a fúria para trás e seguir em frente
com o que tem de ser feito.

Sei que, se eu aparecer na porta de casa no meio da noite, encharcado, com todas as minhas malas e em lágrimas, você apenas diria:

"Ah, meu amor. Tire essa roupa molhada. Coloque aquela minha camisa velha e larga".

Espero que isso nunca aconteça.
Mas é bom saber.

O amor materno é a convicção que todos os seus gansos são cisnes. Que é a única maneira de fazer com que seus filhos se convençam de que não são patinhos feios.

POR TUDO

Obrigado por aguentar o insuportável.

Por fazer algo existir do nada.

Para nos dar algo mesmo quando seus bolsos estavam vazios. Para nos amar mesmo quando não merecíamos o seu amor. Obrigado por fazer o impossível sempre com um sorriso. (Mesmo que seus lábios tremam de medo às vezes.)

Obrigado por prestar muita atenção
quando expliquei cálculo para você.

Obrigado por ter ganhado dinheiro
para me sustentar. Obrigado por me buscar
na porta da escola.

Obrigado por dar um jeito naquele menino
malvado que me assustava. Obrigado por
colocar uvas passas na minha lancheira.
Obrigado por explicar subtração
e multiplicação.

Obrigado por fazer a caxumba não parecer
tão ruim.

Obrigado por sempre estar ao meu lado
quando preciso de você.

E pelas surpresas.

AS MÃES PELO MUNDO

Um engenheiro fala a mesma língua
de engenheiros de outro país; uma mãe,
com a da metade da população.

As mães sabem exatamente do que se trata a
vida. Não se trata de arte. Não se trata
de literatura. Não se trata de ciência.
Todas essas coisas são muito interessantes.
Vale a pena conhecer.
Mas basicamente, basicamente, a vida tem tudo
a ver com filhos, com as pessoas.
Vocês, mães, deveriam estar na política.

Obrigado por fazer amizade com as pessoas quando saímos – moças em galerias de arte, motoristas de ônibus, vendedoras de lojas, senhores que alimentam os pardais, moradores de rua, turistas perdidos, moças que pegaram o ônibus errado...

Obrigado por nos apresentar à raça humana.

As mães são os elos de uma corrente
que mantém o mundo unido.

LIVRE PARA SER EU MESMO

Do momento em que nasci, você sempre insistiu para que eu fosse eu mesmo e não uma extensão de você e do papai – que eu não havia nascido simplesmente para você brincar de boneca ou até mesmo para amar. Queridos pais – obrigado por me dar a liberdade para amá-los.

Obrigado por estarem sempre interessados – mas nunca bisbilhotarem. Por serem carinhosos – mas nunca afogar-me nesse amor. Por construírem um ninho – mas me deixar livre para voar.

Obrigado por abrir todas aquelas portas para mim – mas nunca me empurrar para fora delas.

As mães dão início às nossas vidas. Dão vida a nossa existência. Ensinam-nos as primeiras palavras. E os primeiros passos.

Mas os bons pais – assim como vocês – nos entregam as ferramentas e dizem: “Aqui está o mundo, meu amor. Escolha novas tonalidades, novos padrões. Construa a sua vida.”

As boas mães dão aos seus filhos tintas, pincéis e telas, mas deixam que eles pintem seus próprios quadros.

OBRIGADO A TODAS AS MÃES...

... que fizeram tempos difíceis parecerem bons momentos. ... que fingiram já estarem satisfeitas no jantar para que todos pudessem pegar um pouco mais.

... que disseram para que nós acabássemos com o restante do sorvete – pois não gostavam tanto assim.

... que nos convenceram de que viver no subúrbio era algo emocionante.

... que reformaram suas melhores roupas para nos fazer um vestido de festa de uma hora para outra. ...que nos chamaram para dentro de casa quando estávamos na chuva.

...que tentaram entender álgebra.

... que também pegaram catapora conosco.

... que ainda sorriram mesmo quando tivemos uma febre logo antes de saírem para seu jantar de aniversário.

... que sempre encontraram o dinheiro da fada do dente – mesmo que tivessem de revirar o sofá.

... que rchoraram só um pouquinho quando quebramos seu melhor bule de chá.

... que nos deixaram ter nossas próprias opiniões – contanto que soubéssemos o porquê.

... que nos deixaram crescer e voar livres.